... e, enquanto semeava, algumas sementes caíram pelo caminho.

Logo germinaram, porque o terreno não era profundo.

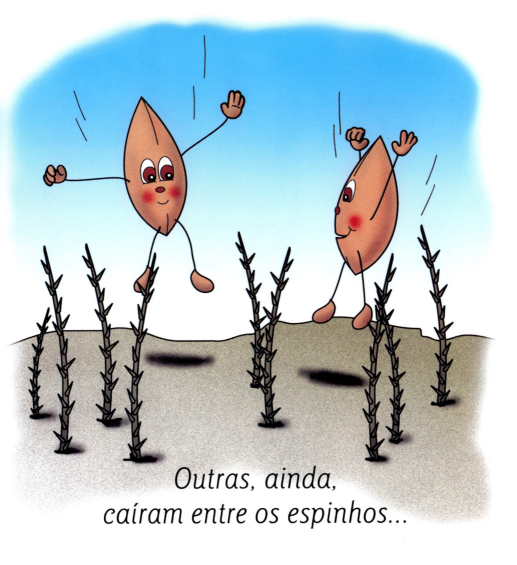

Por fim, algumas outras caíram em terra boa...

Leia a parábola do semeador em Mateus, capítulo 13, versículos de 3 a 8 e 19 a 23.

A semente é a Palavra de Deus; o terreno é o nosso coração.

As sementes que caíram no caminho, e que os passarinhos comeram, representam aquelas pessoas que ouvem a Palavra de Deus, mas, depois, se deixam levar pela preguiça.

As sementes que caíram no terreno pedregoso são as pessoas que ouvem a Palavra e logo a acolhem com alegria, mas depois, com má vontade, esquecem e caem em tentação.

As sementes que caíram entre os espinhos são aquelas que escutam a Palavra, mas se deixam sufocar pelas preocupações, pela ilusão da riqueza, pelos prazeres da vida.

Por fim, as que foram semeadas na terra boa simbolizam as pessoas que ouvem a Palavra, compreendem-na e se esforçam em colocá-la em prática no dia a dia.

Vamos aprender brincando

Responda às perguntas, ordenando as letras nos quadrinhos, e depois procure colorir os desenhos das várias sementes.

O que fez com que as sementes fossem jogadas fora da estrada?

| E | Ç | P | U | I | A | G | R |

| _ | _ | _ | _ | _ | _ | _ | _ |

O que fez morrer as sementes que caíram entre as pedras?

| D | A | M | V | A | T | E | O | N |

| _ | _ | | _ | _ | _ | _ | _ | _ | _ |

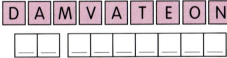

O que sufocou as sementes que caíram entre os espinhos?

| C | Ç | A | S | Õ | E |

| P | R | U | P | E | O |

| _ | _ | _ | _ | _ | _ | _ | _ | _ | _ | _ | _ |

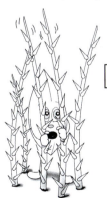

O que, então, fez crescer as sementes que caíram em terra boa?

| Ç | F | O | E | R | O | S |

| _ | _ | _ | _ | _ | _ | _ |